About this book
本書について

本書は、社会貢献について国際社会でも通用する柔軟で幅広い考え方を鍛えることを目的に作成されました。

日本では自己肯定感を持てない子どもが増えていると言われています。一方、内閣府の調査によると「日本の子どもは、誰かの役に立つことで自己肯定感を高めることができる」という結果が出ています。

本書を通じて、生徒たち一人ひとりが「自分は誰かの役に立つ」ということに気づいてもらえるきっかけになることを願っています。

本書中に左記マークがあるページは、ワークショップとしてお使いください。どの問いにも正解や間違えはありません。社会貢献は、その人自身が持つ多様な価値観のもとで行われるものです。

本書はワークショップなどでお使いの際にコピーして配布することが可能です。また、本書のテキストの一部は、ワークショップの教材として日本ファンドレイジング協会ウェブサイトよりダウンロードできます。
http://www.jfra.jp/ltg

What it means to be a global leader ?

グローバル・リーダーの条件とは

今、よく「グローバル人材になるにはどうしたらよいのか？」と言われています。外国語の学習も大切ですが、本当にそれだけでよいのでしょうか。

グローバル人材の中でも「グローバル・リーダー」と呼ばれ、国際社会で尊敬されている人のほとんどは、単に経済的成功をおさめた人ではありません。彼らは自分のことだけを考えるのではなく、他者が抱える課題も解決しようと真剣に取り組んでいます。

たとえば、13年連続で世界長者番付1位の座についたビル・ゲイツさん（コンピューターソフトウェア・マイクロソフト創始者）は、個人財産約3兆円を使い、夫人と一緒にビル&メリンダ・ゲイツ財団を創立しました。そこでは途上国の子どもたちの命を奪う病気の撲滅などを目指し、寄付やプロジェクトを行っています。また、世界中で人気を誇るミュージシャン、レディー・ガガさんは東日本大震災後、被災地へ約4億円以上の寄付を行いました。彼女はそれ以外にも、いじめ撲滅などの活動に真剣に取り組んでいます。

このように、グローバル社会で成功をおさめた人の多くが、社会課題の解決に関心を持ち、行動を起こしています。その過程を人々が共有、拡散しはじめた結果、社会貢献の波が迅速に広がっているといえるでしょう。(※01)

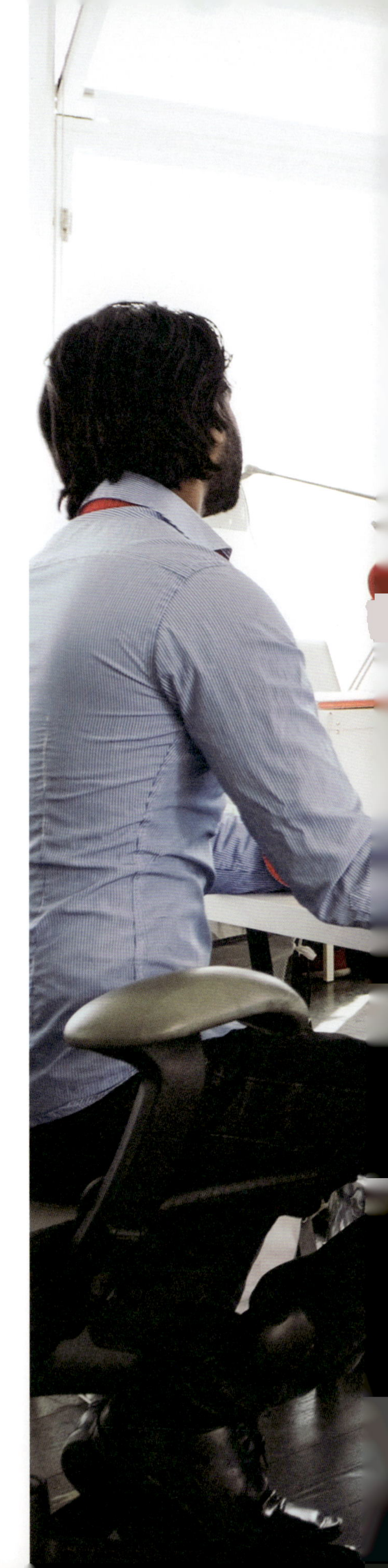

Best Company to Work for

公務員やディズニーをおさえ
就職希望先NO.1になったNPO(非営利組織)

2010年、アメリカでは公務員や人気企業をおさえ『Teach For America』(以下TFA)というNPOが、「大学生が選ぶ就職希望先1位」になりました。ハーバードやスタンフォードなどの一流大学の卒業生が、競って就職先にTFAを希望しています。

TFAは、大学の卒業生を、貧しい地域や教育困難校といわれる学校に2年間教師として派遣する組織です。貧困や教育格差など、TFAの現場で直面する社会課題はとても複雑で、個々の対応が必要なものばかりです。そのため、解決には時間とともに、柔軟な対応力、そして多くの新しい発想やコミュニケーション能力が要求されます。そのうえ、NPOは、行政や企業に比べると、常に財源が不足している状態であるため、周囲の人を巻きこみながら迅速に行動しなくてはなりません。

そのような仕事に多くの学生がやりがいを感じ、NPOを就職先に選ぶことが、ひとつの潮流になっています。

TFA以外にも、発展途上国に若者を派遣する『Peace Corps』と、がん患者の支援や研究を行う『American Cancer Society』の2つのNPOが、就職人気企業のベスト10位内にランクインしました。(※02)

 NPOとは?

NPOとは「Non Profit Organization」の略で、直訳すると「非営利組織」。あらゆる社会課題の解決に取り組む民間の組織です。

詳しくはP.30へ

アメリカの文系大学生の就職先人気ランキング2010年

順位	名称	分類
1	Teach For America ティーチ・フォー・アメリカ	NPO
2	U.S.Department of State 米国国務省	政府
3	Walt Disney Company ウォルト・ディズニー・カンパニー	企業
4	Google グーグル	企業
5	Peace Corps ピースコープ	NPO
6	FBI 米国連邦捜査局	政府
7	CIA 米国中央情報局	政府
8	Apple Computer アップル	企業
9	National Institutes of Health 米国国立衛生研究所	政府
10	American Cancer Society 米国がん協会	NPO

出典:Universum(2010)

Contents

Chapter

01

身近な社会課題を考える

What are some of social issues ?

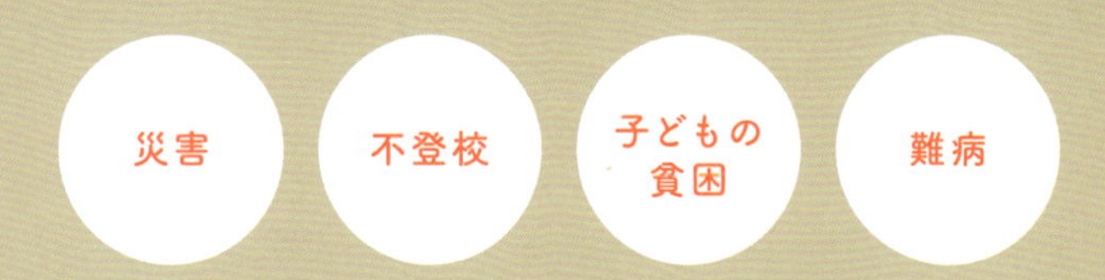

課題の多くは、自分には関係がないと思っている人が多いかもしれません。しかし、本当にそうでしょうか。

ここで紹介する事例は、ある日突然、誰の身にも起こる可能性があります。あなたの側にいる人が困難な状況になったとしたら、あなたには何ができるか考えてみましょう。

After the storm

豪雨の翌日

大雨警報が出て、僕は両親と学校の体育館へ避難した。
こんなに激しい雨は初めてだ。
夜になって雨は勢いを増し、僕らは体育館で一夜を過ごした。
家の周辺では土砂崩れが起きていた。
避難勧告が解除された後、父さんと様子を見に行った。
僕はそこで見た光景が信じられなかった。
僕らの家がない。
隣の家もそのまた隣の家も、そっくりそのままなくなっている。
あたりは土砂と瓦礫でぐちゃぐちゃで、電柱が倒れて車がひっくり返っている。
家がなくなるなんて……。
僕の大切にしていたものも全部埋もれてしまった。

WORKSHOP

Q このような人が側にいたら、
あなたには何ができるか考えてみましょう。

自然災害が多い日本

日本は世界中で最も自然災害が多い国のひとつです。
地震、津波、大雨、大雪、火山噴火、台風、竜巻など、数えるとその種類がとても多いことがわかります。
災害は、人々の安全・安心な生活をおびやかすだけでなく、命を奪うことさえあります。
復興までの期間が長期にわたることもあり、肉体的・精神的な負担に加え、
大きな経済的負担が生じる場合も少なくありません。

災害はどんな被害をもたらすの？

災害がもたらす被害は時として非常に大きく、生活が一変することも考えられます。たとえば、家がなくなり仮設住宅で暮らす、住んでいた地域に暮らせなくなったので引っ越すなど、環境の変化を余儀（よぎ）なくされる場合があるでしょう。多くの場合、被災者は経済的な問題を抱えるようになることから、多角的かつ長期的な支援が必要になります。

Voices / 被災者たちの声

洋服や下着がなくなったので困った。

避難所にいる間は、お風呂に入れなくて辛かった。

体育館や仮設住宅は周りに気を使って疲れた。

引っ越したので転校しなければならなかった。

Data / 数字で見るこの問題

災害大国日本、10年間でマグニチュード6.0以上が

212回　世界の**約20%**

2000～2009年にかけて世界で発生したマグニチュード6.0以上の地震の数は1036回。その中で、日本は212回。約20%が日本周辺で発生しています。出典：内閣府(2010)

仮設住宅を出るまで

5年間

阪神淡路大震災で、兵庫県内だけで最大入居数約46,600世帯にのぼった仮設住宅。その全てがなくなるまでに5年間かかりました。
出典：内閣府website、兵庫県(2000)

「二重債務問題」（二重ローン問題）

地震や台風などの災害で、債務（ローン）返済中の住宅や自動車などを失い、生活再建のため新たに購入した住宅や自動車などの借金が、さらに上乗せされること。返済の負担が重くなるので、災害が起こる度に問題になっています。出典：iFinance 金融情報サイトwebsite

家族、友人・隣人、通行人に助けられた

62.6%

家族に	31.9%	自力	34.9%
友人・隣人に	28.1%	救助隊	1.7%
通行人に	2.6%	その他	0.9%

阪神淡路大震災で、地震発生後に生き埋めや閉じ込められた際に、62.6%の人が家族、友人・隣人、通行人に助けられました。
出典：公益社団法人日本火災学会(1996)

Lost confidence

自信を失ってしまった

どうしてだかわからないけれど、
だんだん学校に行くのが辛くなってしまった。
最初は1日だけ休むつもりだったのに、
いつの間にか学校に行くことができなくなってしまった。
なぜ、不登校になったの？とは聞かれたくない。
これからどうしたらいいかわからない。

WORKSHOP

Q このような人が側にいたら、
あなたには何ができるか考えてみましょう。

不登校の原因はいろいろ

不登校になってしまうのには、様々な要因があります。
友人関係のささいなトラブルから、学業の不振、親子関係、体調不良など、原因は一人ひとり違います。
また、一概にひとつの原因ではない場合も多くあります。(※03)

不登校は誰にでも起こりうること

不登校のきっかけは、どの子にも起こる可能性があります。一旦欠席状態が長期化すると、その回復が困難になる傾向があります。怠けているから不登校になってしまうのではなく、自分の力だけでは解決が難しいことも原因として多くあると言われています。(※04)

Voices / 不登校状態にある子どもたちの声

怠けていると思われてつらい。

学校に行くのが怖い。

クラスメートが心配して家まで来てくれたのだけれど、会うのが辛い。

普通に接してほしい。

Data / 数字で見るこの問題

不登校を理由とする長期欠席の児童生徒数

約17万人

小学校24,000人(前年度より3,000人増加)、中学校95,000人(前年度より4,000人増加)。また、高等学校では約5,500人と言われています。出典:文部科学省(2014)

不登校児童生徒の在籍学校数

13,112校
41.2%

不登校児童生徒の在籍学校
18,697校
58.8%

小・中学校全体、31,809校のうち58.8%(18,697校)の学校に不登校の児童生徒がいます。出典:文部科学省(2014)

不登校となった直接のきっかけ

項目	割合
学校に係る状況	34.9%
家庭に係る状況	20.2%
本人に係る状況	79.7%

不登校となった直接のきっかけは、学校に係る状況(いじめ、いじめを除く友人関係をめぐる問題、教職員との関係をめぐる問題など)34.9%、家庭に係る状況(家庭の生活環境の急激な変化、親子関係をめぐる問題、家庭な不和)20.2%、本人に係る状況(病気による欠席、あそび・非行、無気力、不安など情緒的混乱など)79.7%となっています。出典:文部科学省(2014)

Traffic accident

事故を境に

パパが交通事故で亡くなって、ママと私は小さなアパートに引っ越した。
ママは近所のスーパーで働き始めた。
前は明るくて優しかったママなのに、最近は疲れていて機嫌が悪い。
そういえば、ママと一緒に食事をしたのはいつだっけ。
洋服やゲームなんてもうずっと買っていないし、友達と遊ぶお金もない。
ママががんばってくれているからワガママは言えない。
でも、家に一人でいるのはやっぱり寂しい。

WORKSHOP

Q このような人が側にいたら、
あなたには何ができるか考えてみましょう。

子どもの6人に1人が貧困

現在日本の子どもの6人に1人が貧困状態にあります。
相対的貧困とは「社会において当たり前と思われる生活をするのが困難となる生活基準」のこと。
こういう子どもたちが、今、日本では増えてきています。(※05)

貧困は子どもにどんな影響を与えるの?

貧困は生活に様々な問題をもたらします。栄養ある食事ができないと、子どもの心身の健康状態に大きな影響が出てしまいます。また、学校外の学習機会が経済的理由によって与えられず、学力不足に陥(おちい)ることが考えられます。子どもの貧困はそれ以外に地域社会からの孤立にもつながるため、社会全体の支えが必要です。

Voices /経済的に困難な状況にある子どもたちの声

- 親が仕事で家にいないので、一緒に過ごす時間が減って寂しい。
- 友達から誘われても断らなきゃいけないので、悲しい。
- お金がないので、進学をあきらめた。
- お腹がすいていて、授業に集中できない。
- ユニフォームや用具にお金がかかるので部活をやめた。

Data /数字で見るこの問題

貧困の連鎖

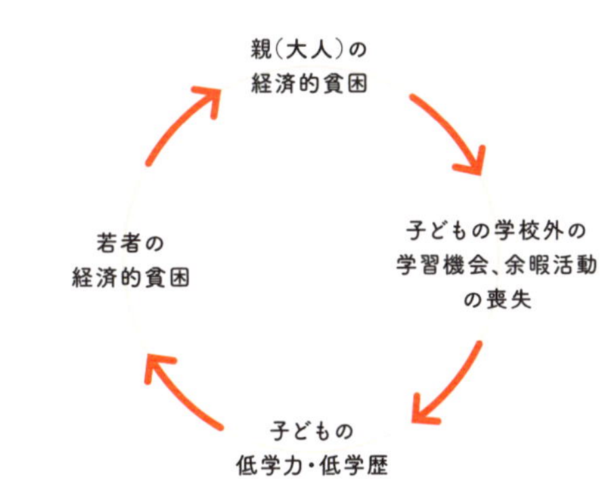

出典:チャンス・フォー・チルドレンwebsite

子どもの貧困率

約6人に1人

2012年の子どもの貧困率は過去最悪の16.3%に上昇しています。
出典:厚生労働省(2014)、阿部(2008)

ひとり親世帯の貧困率

54.6%

日本は、ひとり親世帯の相対的貧困率はOEDC加盟国の中で最も高いです。「大人が2人以上」の世帯員の貧困率は12.4%、「大人が1人」の世帯員は54.6%。出典:厚生労働省(2014)、内閣府(2014)

All the sudden...

ある日、突然

授業中、私は突然倒れた。
すぐに救急車がきて病院に運ばれたらしい。
「1型糖尿病」という病気になってしまった。
食べすぎていたわけじゃないし、親も糖尿病じゃないのに。
一生治らないと聞いて、どうすればいいのかわからなかった。
これから毎日自分で注射をしなきゃいけない。
お母さんは、すごく落ち込んで、毎晩泣いている声が聞こえる。
その姿を見ると申し訳ない気持ちでいっぱいになる。
これから私、どうなってしまうんだろう。

WORKSHOP

Q このような人が側にいたら、
あなたには何ができるか考えてみましょう。

難病と、子どもの慢性特定疾病

「1型糖尿病」は、生活習慣が起因する「2型糖尿病」とは全く異なり、
ある日突然発症する可能性がある病気です。
このように突然発症したり、治療法や薬が開発されていない、あるいは長期的に
治療が必要な病気になってしまっている子どもが日本には約15万人います。

急に発病したらどうなるの？

これまでの日常生活と比べ、大小いろいろな変化が起こる可能性があります。病気によっては、起き上がれなくなる、学校へ行けなくなる、毎日投薬が必要になる、などの状態になることもあるでしょう。また、国から医療費助成が行われるかどうかによって、治療費や通院費が高額になることもあります。周りの理解や心のケアも不可欠です。

Voices／1型糖尿病患者たちの声

食べ物は関係ないのに「甘いものを食べすぎじゃない？」と言われたのが悔しい。

遺伝は関係ないのに「親のせいだ」と言われてショックだった。

注射を毎日打たなければいけないのが辛い。

別の病気が発症したらどうしよう、といつも不安。

Data／数字で見るこの問題

1型糖尿病の日本での年間の発症率

1~2人／10万人

日本での年間の発症率は10万人あたり1~2人。ある日突然発症する可能性があります。年に換算すると1,000 ~2,000人が発症しています。

出典：日本IDDMネットワーク

子どもがかかる難病ってほかにはどんなものがあるの？

14疾患群　704疾病

血液のがんと呼ばれる「白血病」、心臓の中の左心室と右心室を仕切る壁に穴が開いている「心室中隔欠損症（しんしつちゅうかくけっそんしょう）」、胃腸や食道にかいようができる「クローン病」（炎症性腸疾患（えんしょうせいちょうしっかん）の総称）、原因不明の関節炎が急に起きる「若年性突発性関節炎（じゃくねんせいとっぱつせいかんせつえん）」などがあります。

出典：小児慢性特定疾病情報センター

1型糖尿病の治療法

1日4回

毎食前と就寝前、1日4回注射をする必要があります。（個人差あり）

出典：糖尿病ネットワーク

難病にかかっている子ども（小児慢性特定疾病）

医療費助成対象者 **約15万人**

出典：小児慢性特定疾病情報センター、社会保障制度改革推進本部（2015）

Challenges in our society

わたしたちの社会が抱える課題

災害、貧困、不登校、難病だけでなく環境破壊、動物の殺処分、孤独死など
わたしたちの社会には多くの問題が山積しています。

世界を見渡せば日本ではあまり見られない課題も多くあります。
発展途上国では、子どもたちが学校に行く代わりに、
大人と同じように労働を強いられる「児童労働」や、
路上で生活をする「ストリートチルドレン」などの課題が今でも存在します。

就労
若年無業者、
非正規雇用、
ワーキングプア

教育
いじめ、不登校、
学級崩壊

文化・芸術
文化財保護、
伝統文化の
後継者

環境
温暖化、環境汚染、
ゴミ

国際
紛争、人権、児童労働、
飢餓（きが）、
疾病

高齢者
介護、独居、
孤独死

災害
被災からの生活再建、
避難所生活、
住宅の倒壊

子ども
居場所、虐待、
孤児

格差
貧困、
ホームレス

人権
偏見差別、
両性の平等

動物
飼育放棄、
虐待、殺処分

心と身体
病気、障がい、
うつ、ひきこもり

まちづくり
過疎化、高齢化、
シャッター商店街、
空き家

Workshop

1 2～3人で1グループになってください。

2 グループ内の人について、あなたが良いと思うところを、それぞれ3つずつカードに書いてください。「優しい、力が強い、数学が得意、おしゃべりが上手……」など、なんでも構いません。

たとえば

性格なら	身体なら	教科なら	経験なら
笑顔がすてき・まじめ・	健康・風邪をひかない・	暗算が速い・	失敗してもくじけない・
おおらか・明るい・	体が丈夫・重いものを持てる・	難しい単語を知っている・	小さい子に優しい・
優しい・静か・	腕相撲に自信がある・	英語の発音が良い・	悪口を言わない・
責任感が強い・	足が速い・	絵が上手・歌がうまい・	人の話をよく聞く
積極的・忍耐力がある	長距離走が得意	読書が好き・サッカーが上手	など
など	など	など	

3 そして、それに対するあなたの気持ちも書いてください。「すごい、うらやましい、尊敬する…」など、照れくさくて普段はなかなか口にすることがない気持ちを素直に表してみましょう。

2 の言葉と **3** の言葉を足してカードを作りましょう

たとえば　えらい・尊敬する・かっこいい・素敵・うらやましい・すごい・憧れる　など

〇〇さん
● 人の話を聞くのが上手で尊敬する！
● 字がきれいでうらやましい！
● 気配りができるからえらい！

4 書いたらカードを本人に渡してください。

カードにはなんと書かれていましたか？
あなたはそのことに気がついていましたか？
自分の長所を知り、それを誰かのために活かすということは、
あなた自身を、そして、その誰かをも幸せにする素晴らしいことです。
あなたの力を必要としている人が、この世の中には大勢いるはずです。

Chapter

02

社会課題の解決に参加する

Anyone can make a difference

課題を解決するために、誰がどんな取り組みを行っているのでしょうか。NPO・企業・行政は、それぞれの立場から社会課題の解決にたずさわっています。

3 ways of "helping"

支援の形（自助、公助、共助）

あらゆる社会課題は誰の身にも起こりうることです。
困難な状況に直面したときに、一人で頑張るだけでは、解決できない問題がたくさんあります。
そのため、社会には「自助」「公助」「共助」という3つの形があります。
この中でも、「共助」は、阪神淡路大震災と東日本大震災という2つの大規模災害を通じ、
その重要性が改めて認識されてきています。

共助とは

「共助」には、わたしたちが日常生活の中で何気なく行っているような「小さな共助」から、社会課題を解決するために組織的に行なわれている「大きな共助」まで、様々なものがあります。小さな共助で大切なのは、普段から周囲の人が必要としていることはなんだろうかと、敏感になろうとすることです。大きな共助において重要なのは、全ての人が「互いに助け合う」という意識を持つことです。共助は決して「自分を助けてほしいから、相手を助ける」という引き換え条件ではありません。

点字ブロックの上に置かれた植木鉢や自転車をどける

目が見える人にとっては、なにげない光景でしょう。しかし、視覚障がいを持つ人にとっては、つまづいたり転んだりして、怪我をしかねない危険な状況です。こういうことは日常茶飯事のように街中にあふれているため、「公助」として行政が全てを解決するには限界があります。しかし、見かけた人がそっと植木鉢や自転車をどける、あるいは、持ち主に点字ブロックの上には物を置かないように、と説明するなどの行動を起こせば、危険は回避されます。

視覚障がいを持つ人が快適に暮らせるための工夫

たとえば、視覚障がいを持つということがどういうことなのか、擬似体験できる施設があります。彼らが働きやすい環境をつくるために、パソコン教室や就労支援を行うNPOがあります。本を点字や音声に変換して読めるようにするサービスや、点字の本の専門図書館があります。安全に外出ができるように、手助けをするつえを製造する企業があります。これらは個人間の共助というよりは、NPOなどが組織的に行う共助です。

社会課題は「問題として認識されていない」ために、解決していないことも多くあります。一人ひとりが、身近なところにある問題に気がついたら、まずは行動することが大切です。

共助の形
1

まず行動してみる

ボランティア

Volunteer

大人でも子どもでも、誰でもすぐにできる社会貢献がボランティアです。ボランティアとは、他人や社会のために、「自発的に自分の時間と労力を提供すること」です。学生でも自分が関心のある社会課題に取り組むNPOの活動に参加することができます。

自分がやってみたい！と思う活動を探してみましょう。

たとえば、英語が好きな人や外国人のために何かをしたいと考えている人には、日本を訪れる外国人に英語で観光地を案内する「外国人ガイド」が人気です。動物が好きな人は、犬や猫の保護活動をしている団体で一時的に動物の世話をする「一時預かり」が向いているのではないでしょうか。ボランティアの種類は実に多様です。いずれにせよ、ボランティアは誰かに強要されて行うものではなく、自分の興味関心があることに対し、自らが主体性を持って行うものです。継続的に行うためには、自分自身が楽しみながら行うことも大切です。

いろいろな種類のボランティア

本を読み聞かせる

不登校児に勉強を教える

障がいを持つ子どもと遊園地で遊ぶ

高齢者施設で楽器を演奏する

動物の保護活動をする

この中に、あなたが関心がある課題や、得意なことはありますか？ 世の中には、ありとあらゆる種類のボランティアがあります。「誰かのために何かをしたい」その気持ちが芽生えたら、自分ができることを探してみましょう。

今すぐ参加できる社会貢献活動のリストを見てみましょう。

詳しくはP.38へ

たとえばこんなボランティア

中高校生でもできるボランティア

自分の街を、もっとキレイでカッコよく

NPO法人 グリーンバード

「きれいな街は、人の心もきれいにする」をコンセプトに誕生した東京・原宿表参道発信のプロジェクト。主な活動は街の掃除です。合言葉は“KEEP CLEAN. KEEP GREEN”。「街を汚すことはカッコ悪い」「ゴミやタバコをポイ捨てしない」という気持ちさえあれば、誰でも参加できます。参加者は、おしゃべりをしながら街を歩き、ゴミ拾いをします。お花見やスポーツなど、自由に参加できるイベントも多く、楽しくお掃除をして友達もできるということから、若者に人気です。みんなで着るグリーンのビブスが目印。全国に64チーム、海外に5チームがあります。

チームでお揃いのビブスを着て街の掃除を行う

学生や若手社会人などが高校生にしてくれるボランティア

高校生の心に、“火を灯す”授業

認定NPO法人 カタリバ

キャリア学習プログラム「カタリ場」は、学生などのボランティア・スタッフ（キャスト）が中心となって約2時間高校生と本音で語り合う授業。キャストと対話しながら、高校生は自分自身を理解していきます。キャストは“少し年上の先輩”として、自分の体験を伝えることで彼らの心に“火を灯し”彼らの“背中を押す”役割を担います。授業の最後には参加した高校生一人ひとりが「今日からできる小さな行動」を約束カードに書き、“先輩”との約束を結びます。

高校生と対話する学生ボランティア

「社会に役立ちたい」人 約7割、まずはやってみよう！

内閣府の社会意識に関する調査によると、1970年代後半では「社会に役立ちたいと思っている」と回答する人と「あまり考えていない」と回答する人はほぼ同率でした。80年代後半から「役立ちたい」という回答が増え始め、1991年には6割を超えました。2008年には69.2%に達し、2013年の調査でも66.7%と、現在7割近い水準が続いています。

2011-2012年でのボランティア活動の動機

動機	割合
団体や活動の趣旨や目的に賛同あるいは共感したから	34.3%
自分にあったボランティアの方法だと思ったから	30.6%
社会に恩返しをしたいから	20.0%
他人や社会のためであり、問題の解決に役立ちたいから	17.8%
信用出来る団体だから	14.9%

出典：日本ファンドレイジング協会（2013）

共助の形
2

働きながら行う社会貢献

企業の社会貢献、プロボノ

CSR(Corporate Social Responsibility), Pro bono

企業では、社会を良くするための製品やサービスを開発すること自体が、社会貢献と言えるでしょう。しかし、それだけではなく、近年、寄付やボランティアなどの社会貢献活動（CSR）を積極的に行う企業が増えています。また、専門知識や技能を活かしたボランティア（プロボノ）を行う人も増えています。

専門知識や技能を活かした「プロボノ」

最近では「プロボノ」として活動する人が増えています。「プロボノ」とは、「公共善のために」を意味するラテン語「Pro Bono Publico」を語源とする言葉で、「社会的・公共的な目的のために、職業上のスキルや専門的知識を活かしたボランティア活動」を意味します。元々は、弁護士など法律にたずさわる職業の人が、ボランティアとして法律相談にのったり、弁護活動を行うことを意味しました。その他にも、現在ではITやデザインなど様々な分野にも展開しています。

デザインが誰かのためになる、わたしらしい自然な協力

中根 佳菜子（なかね・かなこ）さん
デザイナー（NPO法人サービスグラント登録のプロボノワーカー）

元々まわりにボランティアに関わる人が多く、何かしたいなとは思っていました。でも、彼らがしていたのは、対人援助や国際協力のような「直球のボランティア」で、自分にはできないと思い、ただ見ていただけでした。そんな時、「クリエイティブボランティア」というものがあることを知ったんです。website制作を担当した『荒川クリーンエイド・フォーラム』は、荒川河川敷でゴミ拾いと調査をしているNPO。正直、本当にハードでしたが、やって良かったと思います。なかなか知り合う機会のない方々と一緒にチームを組んで、普段と違うものをつくるという経験は楽しかったですし、見えるものも関わるものも広がった気がします。

プロジェクトメンバーと内容を決めるミーティング

NPO法人サービスグラントは、プロボノ活動をしたい社会人を「プロボノワーカー」として登録し、専門知識が必要なNPOと結びつけるマッチングサービスを行っています。登録されているのは、プロジェクトマネージャーやデザイナー、ライター、経営企画、営業など様々な職種のプロフェッショナルです。

たとえばこんな社会貢献活動

自社の強みを活かす

おいしい食事で栄養状態を改善したい

味の素株式会社

「栄養と健康」や「食資源」など、「食」に関するあらゆる活動に取り組んでいます。その一つが、ガーナにおける子どもの栄養改善プロジェクトです。乳幼児期の栄養不足が、死亡や成長不良の原因になっている問題を受け止め、ガーナの離乳食であるコーンのお粥"koko"の栄養バランスを改善するサプリメントを開発しました。現地の食品会社で製造を行うとともに、政府機関や公益財団法人ケア・インターナショナル ジャパンなどのNPO/NGOなど様々なセクターとのパートナーシップで普及・販売を進めています。

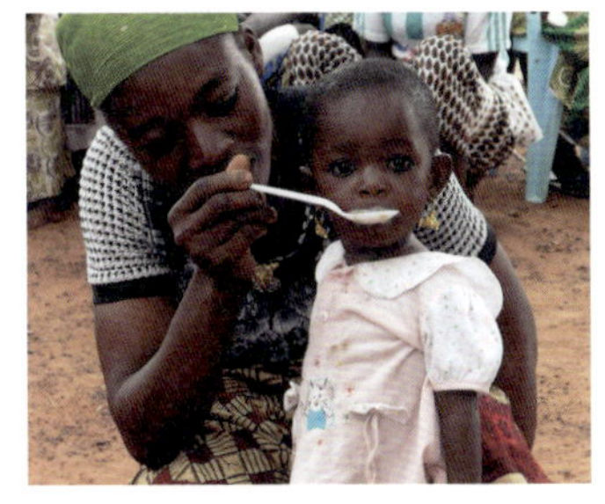

kokoを子どもに与えるお母さん

地域の人達と一緒に活動する

植樹を通じて、地域の方々と一緒に環境づくり

イオン株式会社、公益財団法人イオン環境財団

イオンは、地域に密着する小売業として、新店舗がオープンする際に、地域の方々と敷地に植樹をする「イオン ふるさとの森づくり」や、東日本大震災の被災地で「イオン 東北復興ふるさとの森づくり」植樹を行っています。また、イオン環境財団では、国や地方自治体と協力し、自然災害などで荒廃した森を再生させる活動も実施しています。日本以外にも、中国、マレーシア、インドネシアなどの国々で植樹活動を展開しています。これまでに植えたこれらの植樹累計本数は1,000万本以上にのぼります。(2014年2月現在)

イオンレイクタウンで植樹に参加する親子

気軽に社会貢献ができるプラットフォームをつくる

継続的な支援が、携帯電話料金の支払いと一緒にできる

ソフトバンクモバイル株式会社

携帯電話の利用料金の支払いと一緒に、継続的な寄付ができる「かざして募金」というサービスを提供しています。参加しているNPOのwebsiteにアクセスし、寄付額を選ぶなど少ない操作で継続寄付できます。また、アプリケーションをダウンロードしたスマートフォンを対象となるポスターやチラシにかざして寄付することも可能です。支援したい団体を自分で選んで寄付することで、一人ひとりが社会に貢献できるプラットフォームを提供しています。

※ソフトバンクのスマートフォン以外からは、クレジットーカード支払いで1回限りの寄付となります。

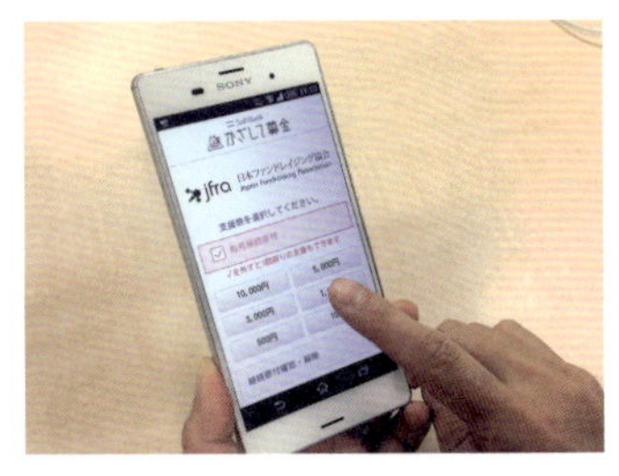

スマートフォンで簡単に寄付ができる「かざして募金」

共助の形 3

お金や物品に思いを託す

寄付

Giving

共感するNPOがあれば、寄付をすることで活動を応援することができます。寄付とは、自分の代わりに自分の願う社会を実現してくれるNPOに、お金や物品を託し「社会課題の解決に参加すること」です。

寄付はお金以上の力を持ちます。

寄付は、ただお金が渡るだけではなく、「わたしは、あなたたちを応援しています」というメッセージとして、支援先で活動する人たちに力を与えるものです。

いろいろな種類の寄付

寄付つき食品を、食べる／飲む

寄付つき商品を買う／使う

チャリティランで走る／応援する

フェアトレードのTシャツやドレスを着る

寄付は未来への投資です。

寄付は自分たちがつくりたい社会を実現するためのお金の使い方です。

東南アジアの途上国の女の子は、小学生の時に先生になりたいと思っていました。でも親からは、中学校に行かせる余裕はないから、「小学校を卒業したら働くんだよ」といわれ、先生になる夢をあきらめていました。しかし、日本の寄付者からの奨学金によって中学校に行けることになり、その後、大学を卒業し、先生になることができました。今ではその村の子どもたちに勉強を教えています。

今すぐ参加できる社会貢献活動のリストを見てみましょう。

詳しくはP.38へ

たとえばこんな寄付

自分の得意を活かして寄付を集める人になる

一般財団法人 ジャパンギビング

自分が関心のある社会課題の解決を応援するために、必要な活動資金を自分で集める方法もあります。JapanGivingというwebsiteを通じて、自分のチャレンジを発信し、それを応援してもらい寄付を集めるという方法です。元プロ野球選手の古田敦也さんや、オリンピックメダリストの有森裕子さんもこの方法で寄付集めを行いました。累計の寄付金額は12億円を越えています。

JapanGivingのwebsite

学生が音楽のパワーを寄付につなげる

NPO法人 ブラストビート

高校生や大学生などがチームとなり「ミニ音楽会社」を立ち上げ、実際の会社が行うような企画や会計などの業務を担当し、リアルなビジネスとして音楽イベントを開催します。そのライブでは、利益の25%以上を自分たちで選んだNPOなどに寄付をして社会に貢献する喜びを体感することができます。2003年にアイルランドで始まった教育プログラムで、日本では2009年に立ち上がりました。6年間で100 校以上の高校・大学から、約400人が参加しました。

3ヶ月間でライブ開催、高校生チームがアーティストと記念撮影

チョコレートを買って、カカオ原産国に寄付

森永製菓株式会社、認定NPO法人ACE、公益財団法人プラン・ジャパン

「1チョコ for 1スマイル」は、特定の期間に対象のチョコレートを1個買うと1円が、ガーナやカメルーンなど、カカオ原産国の子どもたちの教育環境のために寄付される取り組みです。小規模の家族経営農園が多いガーナなどカカオ原産国では、子どもたちが作業を担うことも多く、教育を受ける機会が欠如しています。そこで、森永製菓株式会社と、認定NPO法人ACE、公益財団法人プラン・ジャパンの3者が協力して、現地の農家にカカオ生産の指導を行ったり、小学校の校舎建設や教室備品の支給などの支援を行っています。

ガーナの子どもたちに届けたチョコレート

「もったいない」を集めて送る寄付

NPO法人ハンガー・フリー・ワールド、公益社団法人日本ユネスコ協会連盟など

あなたの家には切手やハガキ、金券など、使われないままで眠っているだけのモノはありませんか?また読み終わった本、聴かなくなったCD、観おわったDVDや、使わなくなったゲームソフトなどは、どうでしょう?身近にあるもったいないモノをNPOに送ることで、寄付を行うことができます。NPOに届いた物品は仕分けされ、業者を通して換金されたあと、それぞれの支援活動に活用されます。

届いた様々な「もったいない」モノ

What is NPO ?

Q. そもそも、NPOって何ですか?

A. NPOとは「Non Profit Organization」の略称で、直訳すると「非営利組織」。自発的に社会的・公共的な活動を行う民間の組織です。

わたしたちの社会には、様々な課題が多くあります。企業や行政が前向きに取り組んでいますが、企業は利益にならない活動を継続的に行うにはその成り立ちから限界がありますし、行政は公平・平等の原則のもと、手が回らない活動が多くあります。それに加え、使える税金は限られています。

そこで、一人ひとりの市民が自分のできることで、企業や行政ができない課題を細やかに対応することが非常に重要になってきています。NPOはそうした一人ひとりの力を合せて社会の課題を解決しようという「まとめ役」的な存在です。

NPOの持つ柔軟性や独創的な解決策を生み出す力、人と人をつなげていく力などに対する期待が近年高まっています。

日本では大人さえ間違えるNPOの4大誤解

NPOは、お金を稼いではいけない

NPOは日本語で「非営利組織」です。「非営利」という言葉から収益をあげてはいけない、つまり、お金を稼いではいけないと誤解されがちです。ここでいう非営利とは、団体が事業を通して得た収益を出資者に分配せずに、社会のために使うということです。収益をあげずに活動を持続することは困難です。

NPOで働く人は、無償で働くべきだ

NPOスタッフは企業や行政と同じように給料をもらっている人もいます。料理のプロであるシェフが料理を作って対価を得るのと同じように、社会貢献のプロであるNPOスタッフは、社会課題の解決に従事することで対価を得ています。いくらNPOスタッフがより良い社会づくりをしたくても、給料を得られなければ生活していくことはできません。

寄付は全額、寄付先に届けるべきだ

単に支援が必要な場所にお金を届けるだけでは、根本的な課題解決にならない場合があります。NPOは現状を把握したうえで、最適な解決策を提案し、必要であれば現地に人を派遣し、根本からの課題解決を目指します。寄付金は、最も有効と考えられる手段を構築するために使われます。寄付金の使い道や会計報告など、透明性を持って行うことはNPO側の当然の責任です。

✕ Misunderstanding 誤解 04

NPOは、小さい団体

NPOの中には、ボランティア数人が集まり、活動をしているような小さな団体がある一方、大きな企業と同じく、何百人ものスタッフを抱え、年間予算が数十億円規模にもなる団体もあります。法人格を有するNPOの場合は、上場企業の株主総会と同じように、総会で議決された経営方針に基づき活動をしなければならないと、法律で定められています。

日本では昔から「助け合い」の長い歴史がありますが、「NPO」という言葉は比較的新しいため、上記のような誤解をしている人がいるのかもしれません。

これからの社会において、NPOは、行政サービスから抜け落ちる多くの課題解決を細やかに担う組織です。国際的には、NPOが社会変革をリードする存在である、という理解が定着してきています。

日本と海外での寄付割合の違い（対GDP比）

2.3%
0.76%
0.46%
0.19%

アメリカ
イギリス
韓国
日本

個人寄付と法人寄付を合せた寄付総額の割合は、同年対GDP(国内総生産)比で、アメリカ約2.3%、イギリス約0.76%、韓国約0.46%、日本約0.19%、と言われています。これは国内で年間に生み出された生産物やサービス金額の合計(GDP)に対して、どれくらい国内で寄付されたのかという割合です。日本と比べアメリカは12倍、イギリスは4倍、韓国は2.4倍になります。

また、寄付やボランティアに関する全世界的な調査、世界寄付指数(World Giving Index)によると、日本は世界160ヶ国中、85位となっています。

他方で、国民のうちどれだけの人が過去1年間で寄付を行ったか(寄付者率)を見てみると、以前は、3割～3.5割程度だった日本の寄付者率は、2012年は46.7%となっています。2011年3月11日の東日本大震災以降、日本でも徐々に寄付を行う人が増えてきています。(※06)

Chapter

03

身近な社会課題の解決に取り組むNPO

NPOs play a vital role in our society

ここでは、第1章でみた社会課題解決のために活動するNPOを紹介します。それぞれの課題の中で、NPOはどんな活動をしているのでしょう。わたしたちは、どうすれば課題解決の力になれるのかも、あわせて考えてみましょう。

1 「災害」に取り組むNPO
Save People in Disasters

災害が起きた時にスピード感を持ってきめ細やかな支援活動を行います。
被災者支援を行うNPOは、被災地に飲食物や衣類といった生活必需品を届けたり、
家を住める状態にするために、泥かきや瓦礫処理などの活動を行っています。

NPO法人 難民を助ける会（AAR Japan）

わたしたちがしていること
紛争や災害発生時の緊急支援、障がい者支援、地雷・不発弾対策、感染症対策、国内での国際理解教育、東北で東日本大震災の復興支援。

あなたのやさしいきもち、必ず世界に届けます

理事長
長 有紀枝（おさ・ゆきえ）

AARはインドシナ難民を支援するために1979年に設立された、日本生まれの国際NGOです。現在は災害や紛争で家を追われた方や、これまでのような生活を送ることが難しくなった方々に迅速に支援を届けるため、世界15ヵ国で活動しています。学生のみなさんが、国際協力のためにできることはたくさんあります。文化祭での発表や、家にあるものを寄付することもそのひとつ。できることを見つけて、あなたらしい国際協力に取り組んでみてください。

トルコのシリア難民キャンプにて

NPO法人 遠野まごころネット

わたしたちがしていること
被災地の復興・再建に関わる調査や支援、支援事業者同士の連携を図るネットワーク事業、地域づくり、産業振興など。

東日本大震災で被災した岩手県沿岸の被災者の支援をするために

理事長
多田 一彦（ただ・かずひこ）（左）

理事長
臼澤 良一（うすざわ・りょういち）（右）

岩手県の遠野市民を中心に団体を結成しました。遠野市は被災地域まで車で1時間。それを活かし、全国各地からボランティアや支援物資などを受付けています。避難所ではいろいろなことが起きます。避難所で人が集う広場を作ったとき、それまで生存確認ができていなかった知り合いと再会したことがあります。被災者が仮設住宅に移ることで課題が見えにくくなり、十分な支援が行えていないと感じることもあります。みなさんには、被災地に限らず、社会の中で何が必要とされているかをよく考えて、自発的に動いてみてほしいと思います。

被災地を慰問する活動

2 「不登校・ニート」に取り組むNPO

Help Children in Needs

不登校の子どもを支援するNPOは、学校以外の居場所を提供することで、子どもの自立と成長を支えます。無業の若者（ニート）を支援するNPOでは、若者が自信を持って働くことができるよう、職業訓練やジョブトレーニングを行っています。

NPO法人 トイボックス

TOY BOX

わたしたちがしていること
不登校や発達障がいのある子どもたちの「がっこう」・相談機関の運営、
障がいのある子どもたちのアート・スポーツ活動の支援など。

すべての子どもに必要なのは、認め、認められながら育つこと

代表理事
白井 智子（しらい・ともこ）

トイボックスでは、学校や社会からはみ出してしまった子どもが、自分の居場所に出会い成長していく姿を見ることができます。不登校や発達障がいなど、課題を抱える子どもたちが、まっすぐ社会に出ることができるという環境づくりは、周りの子どもたちも強く優しくします。あらゆる子どものいいところを見つけて伸ばすサポート活動を行っています。

日常的な個別学習指導

認定NPO法人 育て上げネット

わたしたちがしていること
若年無業者（ニート）の就職支援や、その保護者のサポート、
困窮家庭の子どもたちへの学習支援、高校生向けの教育プログラムの実施。

社会って本当に変わるんだ、変えられるんだ

理事長
工藤 啓（くどう・けい）

不登校やひきこもり状態の若者たちと暮らしながら支援することを仕事にしていた両親の影響で、この活動を始めました。学校に行くことができない。働くことができない。それには人それぞれの理由があります。その理由を想像すれば、単に「自己責任」という言葉で片付けるのではなく、「何が彼／彼女をそうさせたのだろうか」という思考方法が身に付きます。多くの人がそのような思考を身につけることで、若者問題のみならず他の社会課題も、もっとスピーディーに解決していくと思います。

働くことの悩みについて相談できるジョブトレ

3 「子どもの貧困」に取り組むNPO
Support Children in Poverty

貧困状態にいる子どもを支援するNPOは、子どもが進学や勉強を続けられるための奨学金の提供や、学習支援を行っています。それ以外にも、食料を自宅まで届ける活動を行う団体や、生活保護の受給といった社会保障制度を説明するNPOもあります。

あしなが育英会

わたしたちがしていること｜遺児の育英事業、学生寮運営、日本留学支援

遺児の恩返し運動から世界のASINAGA

会長
玉井 義臣（たまい・よしおみ）

遺児の恩返し運動から始まったあしなが育英会は、補助金・助成金は受け取らず、寄付総額625億円で運営しています。39,000人の進学支援以外に学生寮や、東北3か所の虹の家の運営などの活動をしています。更に最近ではアフリカ遺児の支援にも広がりました。継続寄付者や街頭募金協力者の「人の役に立ちたい」という気持ちが行動になり、継続することで社会を良くすることができます。

あしなが学生募金に参加する高校生

公益社団法人 チャンス・フォー・チルドレン

わたしたちがしていること｜経済的理由により、学校外教育（塾や習い事など）を受けることができない児童への、学校外教育利用券（クーポン）の提供

すべての子どもに平等な教育の機会を

代表理事
今井 悠介（いまい・ゆうすけ）（左）

代表理事
奥野 慧（おくの・さとし）（右）

国内には、経済的な理由で、学校外教育を十分に受けることができない子どもたちがいます。生まれた環境によって、子どもたちの教育環境や将来が左右されることがあってはいけません。この仕事をしていて良かったと思うのは、支援した子ども達が自分の夢を語るのを聞いた時や、進学したり社会人になって自立した時です。支援に必要な寄付には限度があり、全ての子どもを支えることは出来ません。この本を読んでいるみなさんにはまず、身近にある社会課題を知り、その課題解決のために自分でも出来ることは何かと考え、行動してほしいです。

「クーポンを使って塾に通うことができてうれしい！」

「難病」に取り組むNPO

Support Patient in Incurable Diseases

難病の子どもを支援するNPOには、病気に関する知識の普及活動や、治療法の開発に向けて大学と協働で取り組む団体があります。また、同じ病気の人と、悩みや治療法について語り合う場所を提供する、という活動を行う団体もあります。

認定NPO法人 日本IDDMネットワーク

「治らない」から「治る」へ
認定特定非営利活動法人 日本IDDMネットワーク

わたしたちがしていること　「1型糖尿病」患者とその家族の支援、根治に向けた研究費の助成

1型糖尿病を「治らない病」から「治る病」に

理事長
井上 龍夫（いのうえ・たつお）

1型糖尿病は発症すれば一生、1日数回インスリン注射を打ち続けなくてはなりません。私たちの仕事は、患者と家族に正しい情報を伝え、最先端の根治研究を応援することで、希望を持って病気と闘う気持ちになってもらうことです。そのため患者と家族に「希望のバッグ」（発症初期に必要な情報を詰め込んだバッグ）の配布や研究費の助成を行っています。

発症初期に必要な情報を詰めた「希望のバッグ」

NPO法人 チャイルド・ケモ・ハウス

チャイルド・ケモ・ハウス

わたしたちがしていること　「小児がん」患児とその家族の支援、日本初の小児がん専門治療施設「チャイルド・ケモ・ハウス」の運営

「病気だから我慢」ではなく「病気だからこそ良い環境を」

事務局長
田村 亜紀子（たむら・あきこ）

私たちは小児がん治療中の子どもが子どもらしく成長し、家族が家族らしく過ごせるよう、医師や教師、建築家と話し合い、専門治療施設を設立しました。小児がんという病気と、患者が抱える課題はあまり知られていません。7〜8割の子どもは治癒のあと社会復帰をしますが、その際いろいろな副作用や後遺症を抱えていることも珍しくありません。私たちはそんな子どもたちと家族を温かく受け入れる社会づくりをしたいと思っています。小児がんの治療中でも、子どもが子どもらしく成長し、家族が家族らしく過ごせる社会を目指して。

「がんになっても笑顔で育つ！」

Your Action

今すぐ参加できる社会貢献活動

以下のリストでは、今すぐ参加できるボランティアや寄付を紹介しています。
あなたが、最も関心をもった社会課題、または取り組みは何でしたか？
もちろん、ここにあるもの以外でも構いません。
自分が解決したいと思う社会課題を見つけ、知ることからはじめてみましょう。

	今すぐ出来る活動	内容
ボランティア	ボランティアセンターに行って興味のある活動を探す	全国にある市民活動センターやボランティアセンターでは様々なボランティアを紹介しています。夏休みなどの長期休暇の機会に、中高生向けのボランティア紹介が行われることもあります。
	子どもたちに本を読み聞かせる	多くの図書館では、子どもたちに本を読み聞かせるボランティアを募集しています。近所の図書館で、読み聞かせのボランティアに参加することも可能です。
	動物の里親になる保護活動をする	保健所に持ち込まれた犬猫の里親になることで、殺処分されてしまう犬猫を助けることができます。他にも里親を探す譲渡会や一時保護を行うシェルターで、犬猫の世話をするボランティアなどもあります。
寄付	不用品を集めて寄付する	本や服、DVD、ゲームソフトなど身近にあるモノをNPO/NGOに送って支援することができます。ただし、支援になるものとならないものがあるので、確認してから行いましょう。
	英語を勉強して寄付する	フリーライスというwebsite（無料）では、クイズ形式の英単語の質問に回答して正解すると1問につき20粒のお米が画面上のお皿に溜まっていき、溜まった粒の合計金額が国連（WFP）に寄付され、食糧問題の解決に活かされます。
	チャリティランで走る／応援する	マラソンに参加することで、寄付を集めることもできます。たとえば、東京マラソンではチャリティランナーの参加枠があり、100,000円を集めて、主催者の東京マラソン財団が指定したいくつかのNPOに寄付をすることで、参加するという方法もあります。
	インターネットで寄付を募る	インターネットを通じて個人や組織から資金などを集めることをクラウドファンディングといいます。READYFOR?やShootingStarなどのwebsiteでは、解決したい課題をプロジェクトとして立ち上げ、寄付を集めることができます。
購入して支援	自動販売機でジュースを買う	街中にある自動販売機でジュースを買うことで、1本につき数円程度が支援先のNPOに寄付されるという方法です。
	社会貢献商品を買う	商品を購入すると、売上の一部が寄付になる商品が全国で販売されています。例えば、ボディクリームやミネラルウォーター、チョコレート、トイレットペーパーなどの商品があります。これらの売り上げの一部は支援先のNPOに寄付されます。
	フェアトレード商品を買う	フェアトレードとは、発展途上国の小規模農園や貧困層などの支援を目的として、途上国の生産者が作る製品や農作物を、公正な値段で取引する貿易のことです。商品にはコーヒーやチョコレートなどがあります。これらの商品を購入することで、途上国の生産者の自立に貢献することができます。

世界は変えられる

「自分一人が何かをしても変わらない」。そう考える人は多いかもしれません。
しかし、ひとりが決断して動いた時に、周りを巻き込んで大きな効果を生むことができるかもしれません。ここでは、その決断をした3人を紹介します。

1995年、カナダで12歳の少年が国際協力NPOを設立

グレイグ・キールバーガーさん

ある朝新聞で、世界には貧困のため奴隷のように働かされている子どもがたくさんいることを知り、大きなショックを受けたカナダ人のグレイグ少年(当時12歳)は、子どもの問題なら、自分たち子ども自身で取り組もうと考え「Free The Children(フルー・ザ・チルドレン)」を設立。「子どもだからこそできることがある」と信じ、活動を諦めることなく続けた結果、途上国に650校以上もの学校建設を行い、55,000人の子どもが学校に通えるよう支援することができました。その活動は日本や世界の国々へ広がり、全世界で260万人以上の子どもたちが活動に参加しています。

当時のグレイグさんとインドの子どもたち

7歳のイギリス人少年が、ハイチ大地震被災者救援のために、クラウドファンティングを使って20万ポンド(約2,880万円)集めている

チャーリー・シンプソンさん

2010年に発生したハイチ大地震の被災者支援のためにイギリス人の少年チャーリー・シンプソンさん(当時7歳)は、JustGiving(クラウドファンディング)を使ってロンドン市内の公園を自転車で周回するというチャレンジで募金を訴えたところ、共感した市民から寄付金が殺到しました。website上に記した、「ハイチのみんなのために。食料や水、テントを買うお金を集めたい」という言葉に賛同した多くの人から、当初の目標額500ポンド(約72,000円)を大きく上回る20万ポンド(約2,880万円)を集めています。

サイクリングで募金を募るチャーリーさん(英国JustGiving websiteより)

東日本大震災後、被災地を目指して全国各地の人と絵画を制作し、自ら資金調達をして展覧会を実現

中村 暖(なかむら・だん)さん

東日本大震災が発生した当時、中村さんは16歳。佐賀県の高校1年生でした。県の世界一周研修事業に参加していた時に、東日本大震災が起こったことを知ったといいます。帰国後、自分に出来ることを考えた結果、長期休暇を利用して、被災地を目指して全国各地を巡りました。その道中で出会った人2,000人以上と一緒に「絵画で日本を一つに」をテーマに大きな絵画を創り上げて被災地を応援する気持ちを伝えました。この展覧会を開くため、授業の休み時間を利用して自ら企業を回り資金調達を行い実現させたのです。

ゴールの被災地にて絵を掲げる中村さん

メッセージ

乙武(おとたけ) 洋匡(ひろただ)さん

作家・東京都教育委員

私には、生まれつき両手両足がありません。普段は、電動車いすに乗って生活をしています。一人ではできないことがたくさんあるため、多くの人の手助けを必要としています。しかし、そんな私にもできることがあります。東日本大震災が発生すると、私は避難所を訪れ、小学校教員だった経験を活かして子どもたちに特別授業を行いました。親交のあるミュージシャンと小学校を訪れ、ライブを行いました。よろこんでくれた子どもたちの笑顔を、いまでも忘れることができません。寄付やボランティアは、特別な人だけが行うことのできる特別な行為ではありません。一人ひとりが得意分野を持ち寄って、誰かの苦しみを和らげていく。ただ、それだけのことだと思うのです。

滝川(たきがわ) クリステルさん

一般財団法人クリステル・ヴィ・アンサンブル代表理事

ニュースキャスター時代、動物殺処分の現場を取材しました。犬や猫が人間の都合で、モノのように大量生産されて、処分される……。日本は素晴らしい国ですが、動物愛護の面では決して先進国とは言えません。東日本大震災のあと、福島県に取り残された大型犬を引き取りました。一匹でも多くの動物を助けるために私が出来ることは何か、と考え、クリステル・ヴィ・アンサンブル財団を設立しました。この財団を通じて、いろいろな人たちと力をあわせて、人間と動物が、お互い幸せに共生できる国を目指したいと思います。

玉井(たまい) 義臣(よしおみ)さん

あしなが育英会会長　2012年世界ファンドレイジング大賞受賞(個人の部)

1969年私の母が交通事故にあい、1か月余の昏睡状態での無念の死の"弔い"があしなが運動の原点で、特に社会貢献を意識したわけではありませんでした。遺児と遺児家庭のことだけを一生懸命に考え、約50年にわたり行動し多くの方々のご支援もあり、95,000人もの遺児が進学することできました。身近なほんのわずかな事でも、見つめ続け長く活動を続ければ、大きな社会貢献につながると思います。